HURACÁN

I, WITNESS

HURACÁN

Mi historia de resiliencia

SALVADOR GÓMEZ–COLÓN

Norton Young Readers

Un sello de W. W. Norton & Company
celebrando un siglo de publicaciones independientes

Serie editada por Zainab Nasrati, Zoë Ruiz,
Amanda Uhle y Dave Eggers.

Manufacturado por Lakeside Book Company
Diseño del libro: Hana Anouk Nakamura
Mánager de producción: Delaney Adams

ISBN 978-1-324-05270-8

W. W. Norton & Company, Inc., 500 Fifth Avenue, New York, N.Y. 10110
www.wwnorton.com

W. W. Norton & Company Ltd., 15 Carlisle Street, London W1D 3BS

1 2 3 4 5 6 7 8 9 0

*Para todos los jóvenes que desean crear
un mundo mejor y para aquellos que ya
han comenzado a hacerlo posible.*

CONTENIDO

INTRODUCCIÓN

Zainab Nasrati, Zoë Ruiz y Dave Eggers

Una de las mejores maneras de entender un asunto complejo es a través de la historia de alguien que lo haya vivido. De eso se trata esta serie: de permitirle a los jóvenes —aquellos que han visto y vivido diversas experiencias— compartir sus historias.

Es esencial entender la lucha de otros, especialmente la de aquellos que viven en lugares diferentes o que han tenido experiencias distintas a las nuestras. Lo que esperamos con esta serie de libros es que, al escuchar diferentes historias, nuestros lectores conozcan de primera mano las luchas de muchas personas y reflexionen sobre qué podemos hacer para crear un mundo mejor.

Adolescentes como Malala Yousafzai y Greta Thunberg se han convertido en íconos por defender la justicia. Otros jóvenes, no tan conocidos, también se han aventurado a hacer una diferencia. Cuando Adama Bah era adolescente, fue acusada falsamente de actividades criminales por ser musulmana. Cuando Gilda Temaj tenía solo dieciséis años, tuvo que dejar su hogar en Guatemala y hacerse camino sola hacia Estados Unidos.

Ahora que está en la universidad, Gilda está estudiando para ser abogada y ayudar a otras personas que buscan refugio en Estados Unidos.

Los libros de la serie *I, Witness* son historias de niños y adolescentes comunes y corrientes como tú que han enfrentado tremendos retos en sus vidas. Sus historias son emocionantes y sorprendentes. A veces son tristes y a veces alegres. Esperamos que, mientras avanzas en la lectura, le eches una mirada a tu propia vida e historia. ¿Se parece tu vida a la del autor o es diferente? ¿Hay algún problema en el mundo o en tu vida que te gustaría resolver?

En este libro conocerás a Salvador

Gómez-Colón, quien sobrevivió el huracán María en Puerto Rico en 2017. Después de que el huracán azotara y destruyera la isla, Salvador tomó acción ayudando a miles de personas con sus necesidades básicas. Admiramos el compromiso de Salvador con su prójimo, y creemos que todos podemos aprender de lo que él enfrentó y logró. Algunos de nosotros nunca experimentaremos el paso de un huracán, pero es importante que recordemos la determinación que Salvador mostró al ayudar a aquellos más necesitados, aun cuando muchos dudaron de él. La historia de Salvador nos ha inspirado, y esperamos que a ustedes también los inspire.

CAPÍTULO 1

Calma

Dieciocho días antes de la llegada del huracán María, cumplí quince años. Al despertar el día de mi cumpleaños, encontré mi apartamento lleno de globos azules por todas partes y un letrero de "Feliz cumpleaños". Todos los años en esa fecha, mi mamá decoraba nuestro apartamento, y yo disfrutaba eso más que cualquier otro regalo. Parecería algo pequeño y de poca importancia, pero para mí era especial y lo apreciaba mucho.

Después de salir de la escuela, celebré mi cumpleaños en un restaurante chino con mis mejores amigos. Ese fin de semana, me fui con mi papá al apartamento de playa de mis abuelos que queda en la costa este de Puerto Rico. Ellos han sido dueños de ese apartamento desde antes de que yo naciera. Cuando era niño, pasaba fines de semanas y veranos allí con mis cuatro primos. Le llamábamos el "campamento familiar" y era sumamente divertido porque podía disfrutar de aventuras con mis primos. Hacíamos competencias deportivas que incluían carreras en bicicleta y de natación. También nos inventábamos búsquedas de tesoros en las que teníamos que meternos en manglares o escalar lomas a través del vecindario.

Ese día de mi cumpleaños pensé en todos los años que pasé visitando aquella casa de playa. Ya mis primos mayores estaban por terminar la escuela superior y pronto se convertirían en estudiantes universitarios. Extrañaba nuestra inocencia, y cómo creábamos tantos juegos divertidos con tan solo nuestra imaginación. Pero, a la vez, me sentía grande. Tenía quince años y era muy emocionante saber que llegaba a la escuela superior. Por fin, por fin me tocaba a mí empezar el camino que ya recorrían mis primos.

En aquel entonces, vivía con mi mamá y mi padrastro en Condado, un vecindario en la ciudad capital de San Juan. Mis padres se habían separado cuando yo tenía cinco años, así que dividía mi tiempo entre la casa de mi mamá y la de mi papá. Varios años después del divorcio de mis padres, pasé de ser único hijo a tener dos hermanastras. Me siento sumamente agradecido de lo bien que nos llevamos y lo mucho que nos divertimos juntos.

Vivía una vida feliz y normal. Todos los días caminaba a la escuela. Me fascinaban mis clases de historia, inglés y fotografía.

Cuando terminaba el día de clases, iba a mis prácticas del equipo de natación, y los viernes y sábados participaba en diversas conferencias del Modelo de las Naciones Unidas. Jamás pensé que esa normalidad se acabaría después del paso del huracán María.

Y es que hacía casi un siglo que por Puerto Rico no pasaba algo tan destructivo como este huracán. En la isla, la temporada de huracanes llega todos los veranos, así que había visto varios temporales durante mi niñez. Casi todos los años, escuchábamos los avisos de huracán y, de vez en cuando, pasaba uno de categoría 2 o 3. Me alegraba cuando se suspendían las clases porque podía pasar tiempo en casa jugando juegos de mesa con mi familia o leyendo tranquilo. Con María eso no fue así.

Lo primero que uno debe saber sobre los huracanes es que todos son destructivos. Cualquier huracán, sin importar su categoría, puede ser peligroso. Cuando un fenómeno atmosférico se convierte en huracán, ya ha superado dos niveles: depresión tropical y tormenta tropical. Los huracanes de categoría 1 a categoría 3 son manejables, aunque casi siempre causan inundaciones, daños a edificios y estructuras, y lesiones o emergencias médicas. Un huracán de categoría 4 es un fenómeno de una fuerza arrolladora. El de categoría 5 destruye todo cuanto encuentra a su paso: es un huracán sin misericordia. Cuando impactó a Puerto Rico, María gravitaba entre la categoría 4 y la 5.

Antes del huracán María, la tormenta más fuerte que yo había vivido fue el huracán Irene, de categoría 3. Recuerdo el caos que provocó en la isla. Los vientos poderosos y las lluvias torrenciales que trajo ocasionaron que mucha gente se quedara sin servicio de luz eléctrica y de agua potable. Yo estaba en segundo grado cuando pasó Irene, y todos los niños en la escuela hablaban del huracán. De hecho, recuerdo que la maestra de una de mis hermanas se llamaba Irene, y después del huracán los compañeros de mi hermana empezaron a actuar de manera grosera con la maestra.

Cuando los funcionarios del gobierno y los medios de comunicación anunciaron que venía el huracán María, advirtieron que nos iba a dar duro, pero este anuncio se hizo público un domingo, apenas dos días antes de que fuera a impactarnos. Para el huracán Irma, que había pasado cerca de Puerto Rico hacía dos semanas, tuvimos más información y tiempo para comenzar nuestras preparaciones. El huracán María nos cogió desprevenidos.

Ese lunes fui a la escuela como cualquier otro día, pero después de mi primera clase la maestra envió un correo electrónico en el que notificó que todos los estudiantes tendrían que regresar a sus hogares después del mediodía. Esa noche, me sentí tan ansioso por el huracán que no pude dormir. Estaba preocupado por lo que podía pasar. Por momentos, imaginaba que María de pronto se movía hacia el norte y nos dejaba en paz. O que se comportaba como el huracán Irma y no nos maltrataba tanto... Sin embargo, todos los modelos indicaban que no había forma de escapar de lo que se avecinaba: el huracán más fuerte en décadas. Era imposible imaginar cómo María cambiaría la isla.

Nunca olvidaré aquel 19 de septiembre de 2017. Mi mamá y yo trajimos a los abuelos a nuestro apartamento después de que evacuaron el edificio donde vivían. Al tenerlos conmigo, me sentía más cómodo pues ellos habían enfrentado muchos más huracanes a través de sus vidas. De hecho, en 1989 sufrieron los embates del huracán Hugo, uno de los más devastadores que había pasado por Puerto Rico.

Mi familia se guareció en distintos lugares: mis hermanastras en casa de su mamá, y mi papá se quedó con mis abuelos paternos para velar por ellos. Mi padrastro hubiera querido estar en el apartamento con nosotros, pero se quedó varado en Nueva York.

Para prepararnos, empacamos nuestros kits de evacuación por si teníamos que salir de nuestro apartamento en algún momento antes del arribo del huracán. Como vivíamos a tres cuadras de la playa, nos advirtieron que podríamos enfrentar inundaciones a nivel de tsunami, y era posible que tuviésemos que trasladarnos a las montañas.

Empacamos solamente los artículos de primera necesidad. Cada uno tenía dinero en efectivo, meriendas y pan. Llenamos cuantas botellas de agua encontramos en la cocina porque no sabíamos el tiempo que estaríamos fuera del apartamento si nos teníamos que ir. También echamos en los bultos los medica-mentos de mis abuelos, mis inhaladores para el asma, el radio de baterías del abuelo (de los años 90) y mi libro de crucigramas.

Estábamos listos. Solo restaba esperar

la llegada de María. Nos acostamos todos en la sala porque quedaba cerca de la puerta; eso nos permitiría salir con rapidez si era necesario. También era el espacio más seguro, pues los vientos huracanados podrían crear un vacío y sellar las puertas de los cuartos, atrapándonos dentro. Nos sentíamos agradecidos de que, independientemente de lo que pudiera pasar, estábamos los cuatro juntos. Sin embargo, sentía temor por el daño que nos podría hacer María. La incertidumbre de lo que depararía el futuro inmediato era difícil de tolerar. Se suponía que nuestro edificio resistiera la fuerza de los vientos, y las ventanas estaban diseñadas para aguantar el impacto de los escombros, eso yo lo sabía; pero, a la vez, reconocía que nada es imposible para la naturaleza. Rara vez en mi vida me había sentido tan preocupado por la seguridad de mi propio hogar.

Esa noche, el gobernador Ricardo Rosselló publicó un video en los medios advirtiendo que el huracán iba a ser un desastre de gran envergadura. Algo no visto desde el año 1928. Enfatizó la importancia de mantener un frente de unidad y preparación ante la crisis que enfrentaríamos.

En nuestro edificio solamente residían quince familias. Luego de muchos años de convivencia, nos conocíamos bien. Era una comunidad de gente muy amable. Miriam era nuestra vecina octogenaria, una viuda cuyo esposo había fallecido antes de que nos mudáramos allí. Como vivía sola, pensé que se sentiría asustada y me preocupé. Soné el timbre de su apartamento y le dije: "Bajaremos a la planta principal en algún momento para estar más protegidos. Le tocaremos a la puerta para que baje con nosotros". Agradeció que le avisara y me confirmó que bajaría con nosotros.

Cerca de las nueve de la noche sentimos los primeros vientos. La lluvia empezó a caer fuerte y los truenos retumbaban. Ese era el sonido que nos acompañaba. A las dos horas, las ráfagas de viento se fortalecieron. Desde la sala del comedor, escuchaba el rugido de la ventolera y los golpes de las tormenteras.

Estaba exhausto porque no había dormido mucho la noche anterior a causa de la ansiedad y la preocupación de lo que traería María. Por fin, cerca de la medianoche, me quedé dormido. Varias horas después me desperté y ya el caos había llegado.

CAPÍTULO 2

Tormenta

Si hoy tratara de recordar qué pasó durante e inmediatamente después del huracán, no lo lograría. Todo está borroso. Solo me acuerdo de ciertos eventos. Sé que, al despertar, estaba como atontado. Puse los pies en el piso y sentí que estaba mojado. "No puede ser", me dije.

Miré al suelo. El agua me llegaba a los tobillos. Escuché movimientos y vi a mi mamá y a mi abuelo tirando sábanas, toallas y almohadas al piso. Intentaban bajar el nivel del agua, así que los empecé a ayudar.

El agua se había colado por las rendijas de los aires acondicionados. "El huracán acaba de comenzar. Esto sí que se va a poner bien malo", pensé. Le escribí mensajes de texto a varios de mis amigos para ver cómo estaban ellos y sus familiares. Poco después de enviar los mensajes, se fue la señal del celular y perdí todo tipo de comunicación con ellos.

La coladera empeoraba. Ya la sala, mi cuarto y el cuarto de mi mamá estaban inundados. La caja del aire acondicionado se desprendió y se cayó al suelo por el cambio repentino en la presión del aire. Como las sábanas y las almohadas ya estaban mojadas, tiramos ropa al piso justo enfrente del hueco que había dejado el aparato al desprenderse. Mientras intentábamos controlar el flujo de agua que entraba al apartamento, el edificio empezó a moverse.

—Tenemos que irnos de aquí —dijo mi mamá.

El edificio entero se sacudía con la fuerza de los vientos. Sabíamos que, de quedarnos atrapados arriba, nos iría aún peor.

—Es hora de bajar —insistió mamá.

Abandonamos el apartamento con los bultos que habíamos preparado sin saber cuándo regresaríamos. Antes de bajar, le avisamos a Miriam, que se unió a nuestro grupo de inmediato. Sentí demasiadas emociones a la vez, sobre todo vulnerabilidad y fragilidad, algo que hasta entonces nunca había sentido. Comprendí que vivía muy protegido.

Al salir, vimos que el agua se filtraba por el techo y corría escaleras abajo. Todo estaba mojado. Con mucho cuidado, bajamos hasta el lobby y entramos al gimnasio del edificio. Allí ya se refugiaban una pareja con su hija de diecisiete años y su perrito, una pareja con su bebé, y dos ancianos.

Nunca había usado el gimnasio del edificio. Solamente entraba cuando el elevador no funcionaba. Nunca me hubiese imaginado que el gimnasio se convertiría en nuestro albergue durante el desastre más grande de nuestras vidas.

A modo de chiste, yo me refería al gimnasio como "el armario de las escobas", por lo pequeño que era. Medía unos nueve pies por dieciséis, o cuarenta metros cuadrados. Había una trotadora, varias pesas, un televisor de dieciséis pulgadas montado en la pared y una ventana. Detrás de la ventana había una reja de metal que reforzaba la protección del lugar.

A través de la ventana y la reja, se podía observar lo que ocurría fuera del edificio. Vimos palmas volando y carros arrastrados por los vientos. Todo tipo de escombros se elevaban en el aire. Todos en el gimnasio estábamos asustados. El bebé lloraba y el perrito ladraba con desesperación. Yo me sentía ansioso y confundido; me di cuenta de que estábamos indefensos ante aquella demostración tan contundente del poder de la naturaleza. Solo pensaba: "Esto no es normal. Esto no es normal".

Pudimos sintonizar las noticias en el televisor. El programa mostraba tomas de árboles volando y ventanas estallando debido a los vientos. De repente, la pantalla se puso negra. Una hora después, nos enteramos de que el techo de la estación había colapsado y por eso paró la transmisión. Luego empezamos a escuchar las noticias a través del radio viejo de mi abuelo. Antes del huracán, mi abuelo siempre veía televisión: le encantaban las películas. Como después del huracán ya no se podía ver televisión, comenzó a escuchar su radio. Aquel aparato se convirtió enseguida en la fuente principal de información y entretenimiento para todos. En las noches, cuando ponían música de los años cincuenta, el radio lo transportaba a otra época. Era un escape que todos le envidiábamos.

Pero vuelvo al gimnasio. A través de la puerta de vidrio, vimos a unos vecinos que intentaban asegurar la parte interior de la planta principal de nuestro edificio. Los vientos del huracán habían arrancado las puertas de cristal de la entrada principal y la entrada del garaje. Algunas personas, incluyendo al presidente del condominio —un hombre de sesenta años— barrían el agua de las escaleras para que permanecieran accesibles. Dos de los adultos intentaban colocar un panel de madera para tapar el hueco donde estaba la puerta del garaje, pero los vientos eran demasiado fuertes. Salí del gimnasio para ayudarlos. Agarré una escoba y empecé a barrer el agua que bajaba por las escaleras. Mis intentos resultaron fútiles, pues el viento seguía rugiendo y el agua no paraba de caer. Después de unos minutos, mi mamá, temiendo que algún objeto entrara volando por una ventana y me golpeara, me exigió que me metiera nuevamente al gimnasio.

Me sentí inútil y débil ante el poder del huracán. Temblaba más que una maraca de parranda. La ansiedad me hizo sentir como si estuviera en la parte más alta de una montaña rusa desde la que caería sin control. Era como si estuviera agarrado de un puente sobre un vacío y, sin poder evitarlo, mis dedos se resbalaran poco a poco hasta caer. Me sentía así desde el momento en que desperté y vi a mi mamá y a mi abuelo recogiendo agua.

Como no quería seguir pensando en cómo me sentía, busqué una distracción. Saqué los crucigramas de mi bulto y empecé a llenarlos. Cuando acabó el huracán, ya había completado casi cien de ellos.

Finalmente, alrededor de las ocho de la mañana, el huracán amainó. El viento ya no soplaba, así que subimos al apartamento. No sabíamos que lo peor aún estaba por llegar.

CAPÍTULO 3

Secuela

Al llegar al apartamento, nuestros telé-fonos recuperaron la señal y, de inmediato, entró una llamada de mi padrastro. Estaba tratando de regresar a Puerto Rico, pero no conseguía un vuelo. Después supimos que el aeropuerto estaba cerrado. Entonces, preguntó:

—Ustedes no están arriba, ¿verdad?

—Sí, aquí estamos —dijo mamá—. Acabamos de subir porque los vientos cesaron.

—No, no, no. ¡Tienen que bajar ya! Ahora mismo están en el ojo del huracán.

Colgamos rápidamente y regresamos al gimnasio. Pronto los vientos empezaron a soplar con más fuerza que antes. Por la ventana, vi una palma volar hasta aterrizar encima de un carro y un poste caer en la calle. El viento seguía levantando cosas y todo tipo de objetos volaban por el aire. No fue como hasta las once de la mañana que los vientos menguaron.

Por fin, el huracán había pasado.

Subimos las escaleras con cuidado porque todavía bajaba una tremenda corriente de agua. Cuando llegamos a nuestro piso, mamá tuvo que hacer fuerza para poder destrancar la puerta. Había una pulgada y media de agua en la entrada y eso sin tener una ventana cerca. Entramos con prisa a ver qué más encontrábamos.

Nuestra sala parecía una piscina. Había tres pulgadas de agua en la habitación. Los muebles estaban mojados y las paredes manchadas. El cuarto de mi mamá se inundó y el mío también. Mi cama y mi escritorio, ambos de madera, se dañaron de absorber tanta agua. El único cuarto que permaneció intacto fue el de mis hermanas.

Empezamos a sacar agua. Tiramos las sábanas y las ropas que quedaban para absorber la mayor cantidad posible. Teníamos un generador eléctrico en el edificio, así que también pudimos usar la aspiradora para chupar agua, aunque fue un proceso lentísimo porque el contenedor era muy pequeño. Tuvimos que botar el colchón y el escritorio de mi cuarto pues ya comenzaban a tener moho. El día fue extenuante. De hecho, la mayor parte de ese día sigue siendo para mí muy difícil de recordar. Desde las once de la mañana hasta las ocho de la noche lo único que hicimos fue limpiar y sacar agua del apartamento. Era lo único que podíamos hacer.

Al día siguiente, decidimos salir a dar una vuelta en el carro. Queríamos ver qué estaba pasando más allá de nuestro edificio. Mi abuelo era el que más curiosidad tenía de todos nosotros, pero mi abuela se sentía abrumada. Quería saber en qué condiciones estaba su apartamento, pero se sentía ansiosa e indecisa. Quería salir y ver qué había pasado, pero, a la vez, tenía miedo de que lo que encontrara la abrumara aún más.

Al salir, vi una enorme ventana tirada en el suelo. Los cristales cubrían el ancho de la calle. Era del edificio que estaba frente al nuestro. Los vientos la habían arrancado con todo y marco. De las cosas que vi, esa fue una de las que más impresión me causó. La fuerza de la naturaleza me pareció increíble. Bajamos al garaje que quedaba en el sótano del edificio; a pesar de que tenía un sistema de drenaje, el garaje y la calle estaban inundados. En Condado, el sistema de alcantarillados y drenaje es muy pobre y tiene muy mala reputación. Por eso no nos sorprendió que el sistema fallara con María.

Las señales de tránsito se habían caído y los semáforos no funcionaban. Conducir se convirtió en algo muy peligroso, pero todos seguíamos haciéndolo. Por la falta de semáforos, en todas las calles e intersecciones se formaban unos embotellamientos horribles. Pasaron once meses antes de que el sistema de semáforos finalmente funcionara en la isla.

Por todas partes había tierra, ramas, árboles y escombros difíciles de mover. El huracán arrancó los árboles de cuajo o los dejó sin hojas, completamente desnudos. Las marcas en los troncos parecían haber sido hechas por las garras del chupacabras.

Condujimos por el parque cerca de mi casa, donde montaba bicicleta, jugaba con mis amigos y celebraba cumpleaños desde que tenía cinco años. Para mí, ese parque era mi patio. Pero ahora, después de María, estaba muy dañado. De los árboles gruesos y altos que delimitaban el parque no quedaba ninguno en pie. Era increíble que un sitio tan importante para mi crecimiento y para la vida diaria de todos nuestros vecinos hubiera sufrido tanto. Y ni siquiera había pensado en todas las otras casas de la isla que el huracán también habría arrastrado.

En aquel momento entendí por qué los funcionarios del gobierno habían dicho que no estábamos preparados para el desastre que se avecinaba. Los huracanes como María eran invencibles.

Fue traumático ver lo que quedó tras el paso de María. Me sentía inseguro, pues parte de mí se hallaba sin rumbo y queriendo escapar de la realidad. Tenía ganas de ponerme a leer o a jugar con mi consola Xbox sin tener que preocuparme por la situación actual, pero también quería comprender la magnitud del daño que había causado María en mi comunidad y en el resto de la isla.

Tres días después del huracán, me asomé por la ventana de la sala y me di cuenta de que, por fin, se había despejado el cielo. Había estado nublado, gris y brumoso a causa de la tormenta y todo lo que esta había lanzado al aire. Ese día, por primera vez después del paso de María, el atardecer me pareció normal. El cielo lucía un anaranjado brillante que contrastaba con un azul claro, y lo miré impresionado.

Ese atardecer terminó siendo muy importante para mí, y es que frecuentemente me pierdo en mis pensamientos. Mi mamá siempre se pregunta cómo es posible que esté haciendo mi trabajo y que al minuto siguiente esté mirando por la ventana, pensando en cosas tan sencillas como qué cenaremos esa noche, o mucho más complicadas como qué hacer para ayudar a que Puerto Rico se recuperara.

Hasta entonces había estado enfocado en mis emociones y en mi propia vulnerabilidad, pero aquel atardecer me hizo pensar en la esperanza. Entonces me pregunté: "¿Qué puedo hacer? ¿Cómo puedo ayudar?".

Aunque la isla entera carecía de electricidad, nuestro edificio tenía un generador eléctrico que operaba por la mañana y por la noche. Para ahorrar la gasolina del generador, mamá solo permitía que encendiéramos una luz en toda la casa.

Una de las cualidades principales de mi mamá es la compasión. Es una persona que se esmera y se esfuerza por cuidar a los demás. Por esto, siempre ha estado al tanto de lo que pasa en las comunidades a nuestro alrededor. Desde niño, me ha expuesto a los temas sociales más importantes, como la falta de vivienda y la inseguridad alimentaria. Eso me incentivó a organizar un sinnúmero de actividades de recaudación de alimentos en el área metropolitana para servirle a los sanjuaneros sin hogar. Si no fuese por mi mamá, yo no hubiera desarrollado una conciencia solidaria ni tendría el deseo de ayudar a aquellos más vulnerables. Su influencia ha sido crucial en la formación de mi perspectiva y mi actitud.

Otro de mis modelos a seguir es Yaiza, mi maestra de cuarto grado. Desde que la conozco, se ha dedicado a ser amable, mantener una energía positiva y ayudar siempre a los más necesitados. Ha viajado el mundo apoyando las causas globales más importantes en lugares como Asia y el Medio Oriente. No venía de una familia adinerada ni tenía un gran salario, pero ahorraba cada centavo para sus viajes. En cualquier lugar que visitara, encontraba un proyecto con el que pudiese ayudar a alguien y cambiarle la vida de alguna manera. Ella me enseñó la importancia de la empatía y de usar mi voz como amplificador de aquellos cuyas voces nadie escucha.

Mientras aquel atardecer desaparecía, sentí que la esperanza para tantísimos puertorriqueños también se perdía en la oscuridad. Debía tomar acción y ponerme a trabajar. La consigna era "Manos a la obra". No podía quedarme en mi casa y permanecer en la comodidad. No iba a perder esta oportunidad de darle esperanza a los puertorriqueños.

CAPÍTULO 4

Plan

Cuando me pregunté qué necesitaba la gente, qué les faltaba, lo primero que me vino a la cabeza fue la luz: la física y también la emocional. Sin luz física no podemos funcionar. Además, la oscuridad a veces puede ser peligrosa. Las probabilidades de que ocurran accidentes en la oscuridad son infinitas. Por otro lado, sabía que muchas personas que estaban sin luz carecían de esperanza. Tenía la suerte de estar rodeado de mi familia y de tener un techo sobre mi cabeza, de contar con comida a diario y luz esporádica en mi casa. Y aun así, me sentía solo y sin esperanza. Imaginé entonces que, si había tanta gente en peores situaciones que yo, estarían sufriendo mucho más que yo. Me angustiaba la idea de que millones de personas en la isla estuvieran en total oscuridad física y emocional. Había tanta angustia y tanto dolor en Puerto Rico que yo no podía pensar en otra cosa que iluminar la isla.

La mañana siguiente fuimos a comprar

pan a la panadería que queda a dos cuadras de mi casa. La fila era larguísima y había guardias armados parados afuera de la entrada para evitar que se robaran la comida. Uno de los guardias llevaba una ametralladora y el otro un revólver. Nunca imaginé que alguna vez vería a un guardia con un rifle parado en la puerta de mi panadería. Los había visto cerca de la estación de policía o en La Fortaleza, pero nunca en el lugar donde yo compraba pan, jugo de china y quesitos. Así de tensa estaba la situación. Esa tensión fue uno de los tantos efectos destructivos que tuvo el huracán.

Entramos a la panadería y percibí un olor que opacaba el aroma del pan recién horneado. Me percaté que había muchísimas personas con ropa sucia. Varios vecinos vestían pantalones y camisas llenos de manchas marrones. Me dijeron que no tenían luz ni agua corriente, y que vivían en zonas inundadas donde, en ese momento, tenían entre seis pulgadas y tres pies de agua. Aunque yo vivía a tres cuadras de la playa, nuestro condominio quedaba sobre el nivel del mar. Ellos vivían más cerca aún de la playa y estaban al mismo nivel o bajo el nivel del mar. Todos los días tenían que pasar por zonas inundadas para comprar pan para sus familias.

A raíz de esta experiencia, reflexioné sobre las implicaciones físicas y emocionales de no tener ropa limpia. De pronto entendí que, en un momento de crisis como este, tener ropa limpia no era un lujo, sino una necesidad sanitaria. Mis amigos y conocidos tenían que abrirse paso a través de aguas contaminadas cuyas bacterias se quedaban impregnadas en sus ropas. Permanecer con esa misma ropa puesta era riesgoso. Por otro lado, estaba el aspecto emocional. "¿A quién no le gusta ponerse ropa limpia?", pensé. "Ponernos ropa limpia nos hace sentirnos mucho mejor".

Decidí que distribuiría lámparas solares con cargadores móviles y lavadoras manuales como parte de una iniciativa que llamaría "Luz y Esperanza". Quizás parecía una combinación rara, pero debido a las condiciones en que nos había dejado el huracán María, eso era justamente lo que hacía falta. En ese momento de crisis, identifiqué esa necesidad y decidí tomar acción.

CAPÍTULO 5

Impulso

Siempre se me habían ocurrido ideas sofisticadas para ayudar a los demás, pero nunca había sentido la urgencia de hacerlo. Con Luz y Esperanza sabía que tendría que tomar acción de inmediato. Estaba comprometido a distribuir lámparas solares y lavadoras manuales a aquellos que más lo necesitaban.

Cuando le expresé a mi mamá mi intención, solo me dijo una cosa:

—Si quieres hacer esto, no puedes empezar y luego parar a mitad de camino si se pone difícil. Si lo empiezas, tienes que llegar hasta el final.

—No pienso parar a mitad de camino —le dije—. Esto no es una decisión impulsiva.

—Si quieres recaudar dinero y distribuir esos artículos, tendrás que conformarte con lo que recaudes. No será una tarea fácil. Te sentirás frustrado, pero no puedes permitir que eso te desmotive.

Mi mamá siempre ha sido una mujer muy

fuerte y trabajadora. Se pagó los estudios universitarios con su trabajo, y me crio como madre soltera. Siempre ha superado cualquier obstáculo que se le enfrente. Es una mujer que brilla. Hablar con ella sobre mi proyecto me ayudó a darme cuenta de que esta iniciativa no se trataba solo de mi idea y de mí. Se trataba de todas las personas que podrían beneficiarse. Si quería darles esperanza, tenía que ser capaz de rendirles cuentas.

Tan pronto le dije a mi mamá que no daría marcha atrás, me puse en contacto con su amiga Neha, quien había cofundado una organización sin fines de lucro radicada en Washington D. C. cuya misión era usar energía renovable y luz solar para empoderar a mujeres emprendedoras en África. Mi mamá había trabajado en el gobierno, en el sector privado y en organizaciones sin fines de lucro, y había hecho muchos amigos a través del trabajo. Era el caso de Neha, a quien conoció a través de un programa llamado Presidential Leadership Scholars. Cada año, el programa agrupaba a líderes de varios sectores para que desarrollaran sus habilidades y colaboraran entre ellos. Neha fue la primera de las muchas amigas de mi mamá que me ayudó con mi plan. Reconocí que era un gran privilegio tener una mamá con la capacidad de conectar con tantas personas.

La señal del celular era pésima, así que mis primeras conversaciones con Neha fueron a través de mensajes de texto. Nunca había hablado con ella, así que me presenté: Hola, soy Salvador, el hijo de Marta. Le expliqué mi idea de comprar lámparas solares y lavadoras manuales para distribuirlas en comunidades afectadas, y le pregunté cuál sería la mejor estrategia para lograrlo.

—Debes montar una campaña digital para recaudar fondos —me contestó.

—¿Cuál debe ser mi meta? ¿Crees que $50,000 será suficiente?

—No, deberías hacerlo en grande. Si quieres ayudar a la mayor cantidad de gente posible, hazlo en grande o no lo hagas.

Hice los cálculos. Si quería asistir a mil familias, el costo sería de alrededor de $100 por familia, entre las lavadoras manuales, las lámparas solares y el envío. Me puse como meta $100,000. Hasta el día de hoy, todavía pienso que $100,000 es una cantidad de dinero sumamente grande. A los quince años el número me asustaba aún más. Temí no llegar a alcanzar la meta.

Neha me ayudó a configurar la página de recaudación porque yo no tenía señal en el celular y solo podía conectarme a la Wi-Fi en la escuela o en un hotel cercano. Le envié la descripción y la imagen de portada de la página de recaudación a través de mensajes de texto. Cada mensaje se demoraba hasta una hora en enviarse. Cuatro días después del huracán, la campaña se puso en marcha. Fue una sensación fantástica, de mucha alegría, pero sabía que este era solo el comienzo de lo que sería un largo viaje.

El primer día de la campaña recaudamos $14,000. "Fantástico, podremos completar esto a más tardar en una semana", pensé. Para el tercer día, habíamos recaudado $36,000 y me dije: "Maravilloso. ¡Estoy en camino de completar esta campaña en cinco días!".

Menos de una semana después del lanzamiento de la campaña, CNN y *Teen Vogue* le dieron cobertura. Luego otros medios difundieron la historia. La cobertura de noticias no se sentía normal. Me parecía raro que un joven de quince años recibiera tanta atención de los medios, pero me emocionó muchísimo.

Mis amigos se entusiasmaron también y lo empezaron a publicar en sus cuentas de Snapchat, Instagram y otras redes sociales. Sin embargo, no permití que se me subiera a la cabeza y me concentré en seguir aumentando la cantidad de dinero que se recaudaba.

Cerca de una semana después de que comenzara la campaña, ocurrió una masacre en Las Vegas. Fue el asesinato en masa más grande cometido por una sola persona en la historia de Estados Unidos. Puerto Rico y el huracán quedaron en un segundo plano ya que la cobertura de la masacre era más relevante en ese momento.

Poco después, las noticias dejaron de cubrir a Puerto Rico por completo. Los televidentes estadounidenses pasaron de escuchar día y noche sobre el caos que reinaba en la isla a no escuchar nada. Mi proyecto de recaudación de fondos estaba dirigido principalmente a la gente que vivía fuera de la isla, ya que todos los que residíamos en Puerto Rico y sufrimos los embates del huracán confrontábamos a diario todo tipo de problemas. Justo cuando sucedió la masacre de Las Vegas, acababa de superar los $60,000, pero la falta de cobertura de noticias perjudicó grandemente las donaciones. Lo cierto es que no se volvería a reportar sobre la recaudación de fondos hasta meses después.

Aunque la cantidad de donaciones disminuyó, algo inesperado sucedió: recibí un correo electrónico de Smart Electric Power Alliance. El mensaje decía: "Hola, Salvador, leímos tu historia y estamos interesados en hacer una recaudación de fondos en la oficina con la meta de recolectar $10,000". Fue una sorpresa increíble. "Justo lo que necesitaba", pensé cuando leí el correo electrónico. Hasta entonces, todas las donaciones provenían de individuos. Aunque no lo sabía en ese momento, Smart Electric Power Alliance sería la primera de tres empresas en hacer contribuciones importantes.

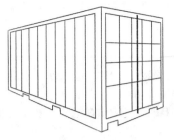

CAPÍTULO 6

Compromiso

Una semana después del huracán María, nuestra escuela reabrió y la administración les pidió a los estudiantes que se ofrecieran como voluntarios para preparar la escuela en aras de reanudar las clases. Formamos brigadas de estudiantes y maestros para sacar los escombros, y caminamos por el vecindario para ver cómo estaba la gente. Esto lo hicimos hasta que comenzamos las clases nuevamente, dos semanas después del huracán.

No era obligatorio ponerse el uniforme escolar porque la mayoría de nosotros no tenía electricidad ni agua para lavar la ropa. De hecho, una amiga iba a la escuela en kayak pues el área donde vivía estaba tan inundada que no se podía caminar. Muchos de mis maestros y mis compañeros de clase llegaban a la escuela a las cinco de la mañana. Allí se duchaban y desayunaban, porque no tenían luz ni agua en sus casas. Algunos calentaban sus cenas en el microondas, algo así como fideos instantáneos, y se quedaban en la escuela hasta que la biblioteca cerraba a las cinco de la tarde.

No obstante, en la escuela intentaron volver a la normalidad a pesar de que nada de lo que enfrentábamos era normal. La realidad es que eso me frustraba. Reconocía que era un privilegio tremendo recibir clases mientras la gran mayoría de los estudiantes de la isla no podían. Sin embargo, no me parecía correcto que tratáramos de vivir una normalidad falsa, como en una burbuja, mientras los miembros de nuestra comunidad y tantas otras personas en la isla sufrían.

Cuando solo había transcurrido una semana desde el huracán, mi mamá y yo decidimos salir en una misión exploratoria.

Condujimos hasta El Yunque, el único bosque tropical administrado por el Servicio Forestal de Estados Unidos. Los árboles y sus hojas habían desaparecido, como si un incendio hubiera arrasado con todo el bosque.

También pasamos por Loíza, un pueblo costero a unas quince millas al este de Condado. Dos semanas antes de María, el huracán Irma había azotado a Loíza. El municipio había quedado devastado, y aún no se había restablecido la electricidad cuando el huracán María pasó. O sea, tuvieron que enfrentar un segundo huracán, mucho más fuerte, sin haberse podido recuperar del primero. Los vientos derribaron los pilotes que sostenían las casas de madera.

La tormenta hizo volar los techos de metal y arrancó ventanas y puertas. Muebles, neveras y coches averiados cubrían las calles. Loíza parecía una zona de guerra, y yo no podía permitir que la gente de Loíza continuara a oscuras. Decidí que este sería el primer lugar donde distribuiría las lámparas solares.

En octubre ya se habían recaudado más de $60,000, así que hice mi primera orden de lámparas. Llamé a la compañía y con mi voz más grave dije: "Hola, mi nombre es Salvador Gómez-Colón. Me gustaría hacer una orden de quinientas lámparas".

—Disculpe, ¿es un menor quien habla?

Me sorprendió. Ni siquiera había hablado diez segundos y ya sabían que era un niño.

—Sí, soy menor de edad.

—¿Cuál es su pedido? —me preguntó el representante.

—Quiero comprar quinientas unidades de una lámpara específica.

Me pidió hablar con un adulto. ¡Qué rabia! Me sentí frustrado. Era un niño, pero exigía que me tomaran en serio. Por supuesto, la compañía no estaba acostumbrada a que un menor de edad hiciera una orden de lámparas solares por un valor de $30,000. Yo sabía que podía resultar extraño que una persona de mi edad hiciera un pedido como ese, pero me decepcionó que asumieran que era una broma.

Después de tragarme mi orgullo, le pasé

el celular a mi mamá. Ella conversó con el representante hasta que finalmente pudimos ordenar las lámparas solares.

Me comuniqué con otro de los amigos de mi madre que me sugirió dónde comprar las lavadoras manuales. Encontré a Gentlewasher, una empresa holandesa que las producía. Las máquinas eran unos cilindros con una manivela a un lado. Aunque parecían pequeñas, ¡en cada lavadora cabían hasta cinco pantalones y diez camisas por tanda!

Quería cien lavadoras en el primer envío, así que me comuniqué con ellos a través de la página de contacto de su sitio web, pero no recibí respuesta. Después de mi tercer correo electrónico, el fundador respondió diciendo que había recibido mi mensaje hacía semanas, y que estaban preparando el envío de las lavadoras. El único problema era que la compañía no tenía suministros suficientes y no recibiría las lavadoras hasta enero.

A finales de octubre llegaron las lámparas solares, pero había un retraso en los puertos. El Departamento de Aduana no pudo acelerar nuestro trámite de abrir el contenedor donde estaban las lámparas porque Luz y Esperanza aún no estaba registrada como organización sin fines de lucro, ni era una organización humanitaria reconocida. El vagón que contenía las lámparas permaneció allí casi un mes hasta que conseguimos ayuda. Me sentía frustrado por la burocracia, pero cumplí mi promesa y no renuncié a mi misión. Después de varias llamadas telefónicas en busca de ayuda, logré que despacharan las lámparas.

En noviembre, me comuniqué con el St. Regis Bahía Beach Resort, ubicado cerca de Loíza. Les envié un correo electrónico e hice todo lo posible por ser profesional. Les expliqué quién era e incluí todos los enlaces a artículos y entrevistas que me habían hecho. "Me encantaría saber si pueden hacer una contribución para apoyar el proyecto", les escribí. Me dijeron que donarían $10,000, y me puse eufórico de alegría.

También contacté a Yeidimar Escobar, una líder comunitaria en Loíza que trabajaba en el gobierno municipal, y le pregunté qué comunidades debía visitar. Ella me orientó y me dio la información que necesitaba. También reunió a un pequeño grupo de diez voluntarios que incluían a su esposo e hijo, y avisaron con antelación a las personas para que supieran que íbamos a llegar a sus casas. Ya con esa ficha estaba listo para distribuir lámparas solares en Loíza.

CAPÍTULO 7

Acción

El domingo 3 de diciembre, mi mamá, mi amiga María Elisa, un niño de siete años —nuestro voluntario más joven— y su mamá, llenaron los carros con lámparas solares. Partimos hacia Loíza. Cuando llegamos, me entristeció ver que no mucho había cambiado desde mi primera visita.

Habían pasado tres meses desde el azote de María, y todo estaba tan devastado como una semana después de la tormenta. En parte, creo que la falta de energía eléctrica afectaba tantas áreas del gobierno que impedía que se concertara un esfuerzo efectivo de recuperación. Una de las razones por las que Puerto Rico sufrió un apagón general después del huracán María fue que su sistema eléctrico había sido encargado en el año 1941. Era tan antiguo que era imposible que no fallara.

En Loíza distribuí lámparas solares yendo casa por casa, visitando cada hogar, para que la experiencia fuera personal. Quería que todos supieran que se trataba de una iniciativa local para que las personas se sintieran conectadas entre sí. Me aferré a la idea de que las lámparas eran conductos de esperanza.

Fui a la primera casa y estuve allí unos diez minutos. Cuando salí, mi mamá me dijo: "Está bien que hables con las familias, pero tienes que acelerar el paso porque te quedan doscientas casas". En ese momento no estaba pensando cuánto tiempo pasaría en cada casa o cuánto me tomaría la visita entera. Solamente pensaba en el efecto que podía tener en las familias, si no con las lámparas, al menos con mi presencia. Sin embargo, aceleré el ritmo y logramos llegar a doscientas casas ese primer día.

Cuando terminamos de ir casa por casa, alguien se acercó a nosotros. Se presentó y nos dijo:

—Mi primo me llamó y me dijo que están entregando lámparas. Yo también necesito. ¿Podrían darme una?

—Lo siento, ya no nos quedan —le respondí—. Pero deme su nombre y número de teléfono, y nos comunicaremos con usted cuando tengamos más para distribuir.

Otra persona se nos acercó:

—Soy de un pueblo cercano y mi primo me dijo que tenían lámparas. Vivo en las montañas y realmente necesito luz. ¿Tienen una para mí?

Luego Yeidimar nos presentó al hombre:

se llamaba Lubriel y vivía en Morovis, un pueblo de montaña a una hora de Condado.

Mientras regresábamos a la casa, dije:

—Mamá, hay mucha gente necesitada más allá de este pueblo. No puedo limitarme a Loíza. No puedo hacerlo.

Me di cuenta de que, para tener un mayor impacto, tenía que intentar ayudar a más personas, así que me comprometí a llegar a más pueblos.

Poco después de distribuir las lámparas solares en Loíza, Lubriel me envió un mensaje por Facebook. Me explicó que en su comunidad en Morovis había mucha gente con enfermedades preexistentes, familias con niños y personas de la tercera edad.

—Morovis es exactamente a donde tenemos que ir —le dije a mi mamá.

Dos días antes de que planificáramos ir a Morovis, el equipo de avanzada, que en realidad era solo una persona —uno de los amigos de mi mamá que solía trabajar con ella—, se acercó a la comunidad que íbamos a visitar para diseñar un plan de distribución y avisarle a la gente que vendríamos con lámparas solares. El día que fuimos a Morovis estaba lloviendo. Yo había sufrido un ataque de asma después de la visita a Loíza y todavía estaba enfermo. Mi mamá estaba preocupada por mí, pero le dije:

—Mamá, lo tengo que hacer.

CAPÍTULO 8

Recuperación

El 17 de diciembre, mi mamá, dos amigos y yo nos dirigimos a Morovis con las lámparas. La comunidad que visitamos estaba aislada del resto de Puerto Rico porque el huracán había derrumbado su puente principal y la corriente de agua lo había arrastrado. El río era profundo y tenía unos cien pies de ancho.

Los residentes habían arrojado piedras al río para formar un puente improvisado, pero atravesarlo era extremadamente peligroso. Las oleadas de agua bajaban de las montañas y volcaban los carros que intentaban cruzar el río. Con mucha ansiedad, esperamos el momento más seguro para cruzar y llegamos al otro lado.

El pueblo se veía tan deteriorado que parecía que la tormenta hubiera pasado el día antes. A diferencia de Loíza, allí la mayoría de las casas eran de concreto. Sin embargo, tenían goteras o habían sido destrozadas. Cerca del 80 por ciento de ellas tenían como techo los toldos azules de FEMA. La tormenta había arrancado la pintura y las ventanas de las casas.

Había una tonelada de escombros y ramas en los jardines. Tres meses después del huracán, Morovis seguía sin electricidad. Todavía hoy, muchas casas en las zonas montañosas de la isla tienen como techo los toldos azules.

La primera casa que visitamos era la de una anciana de unos noventa años. Era una casa pequeña, de unos veinte pies por diez. Su cama estaba justo a la entrada. Estaba postrada, agotada y solo tenía una lámpara de queroseno para alumbrarse. Su hija, quien fungía de enfermera, la cuidaba durante el día, pero en la noche no tenía a nadie.

"Dios mío", pensé, y le di una de nuestras lámparas. Usar una lámpara de queroseno puede ser un riesgo enorme. El queroseno puede derramarse y quemar la piel, incluso sin fuego; si hay fuego, quema a grandes temperaturas y consume lo que toca. Pensé en lo peligroso que era usar una lámpara de queroseno para esta mujer de noventa años que no podía levantarse de su cama. ¿Y si la cama se incendiaba?

De camino a otra casa, vi a un hombre de unos noventa años moviendo unos restos de metal en su jardín. Me ofrecí a ayudarlo.

—Oh, sí, por favor —me dijo.

Mientras lo ayudaba a mover un trozo de chatarra, me dijo que no tenía electricidad, que perdió a su esposa hace unos años y que estaba solo y sin familiares. Le di una lámpara solar. Quería quedarme más tiempo, pero tuve que irme a repartir más lámparas. La historia del hombre me estremeció. Estaba solo y se sentía desesperanzado. Me pregunté cuánta resiliencia tenía que tener ese hombre para sobrevivir.

Visité otra casa donde le entregué una lámpara a una paciente de diabetes que estaba postrada en su cama. Unas semanas después, me enteré de que había muerto por no poder recibir su tratamiento. Fue una noticia devastadora, y desafortunadamente no fue la única. Mientras distribuía las lámparas solares en este y otros pueblos, tuve que enfrentar otras experiencias desgarradoras. Me tomaría unos meses comprender y digerir todo lo que había visto.

CAPÍTULO 9

Luz

Seis meses después del huracán María, todavía lidiábamos con su destrucción cuando en los noticiarios comenzaron a mencionar a Puerto Rico nuevamente. CNN hizo, por segunda vez, un reportaje sobre mi campaña de recaudación de fondos, y mencionó que ya había tenido gran éxito al llegar a 800 hogares. Comenzamos a recibir donaciones individuales de nuevo, y también llegó una donación de $10,000 de SOMOS Community Care, un grupo de médicos con sede en Nueva York.

Decidí asociarme con ellos para una distribución en Naranjito, un pueblo que había sufrido muchos deslizamientos de tierra a causa del huracán. Aunque estaba a solo veinte millas de distancia, el camino hasta allí tenía muchas curvas, y nos tomó más de una hora llegar. En esta ocasión no fui de puerta en puerta visitando a los vecinos de la comunidad pues estaba compartiendo el centro de distribución con el grupo de médicos de SOMOS, y decidimos que sería mejor trabajar de una manera más centralizada. El plan era que los residentes llegaran a un mismo lugar donde pudieran recibir chequeos médicos, lámparas solares y lavadoras manuales. También me conecté con el alcalde del municipio y su vicealcalde, que pudieron estar allí. Se aseguraron de que todo saliera según lo planificado y ayudaron a distribuir los artículos. Increíblemente, Coen Vermeer, el fundador de Gentlewasher, viajó desde Holanda para unirse a nosotros y apoyar la misión. Unas semanas antes le había hecho saber que iba a distribuir más lavadoras. Dijo que estaba ansioso por participar y compró su boleto de avión.

Cuando llegué con los voluntarios, vimos

una gran fila de personas. Me pregunté qué estarían esperando. Subimos la colina y vimos el centro de distribución. En una plaza frente a una iglesia instalaron las carpas para el consultorio médico y para repartir las lavadoras y las lámparas solares. Me di cuenta de que aquella fila de más de quinientas personas esperaba por nosotros. Me llamó la atención la cantidad de gente que estaba dispuesta a pasar todo el día haciendo fila para obtener lámparas solares y lavadoras manuales. Al verlos me percaté de cuán importante era esto para ellos. Luz, en efecto, significaba esperanza.

Todos en Puerto Rico fuimos afectados por el huracán María de una manera u otra. Una de las cosas que aprendí de esta experiencia fue que, aunque no podamos controlar el impacto de una tormenta, sí podemos controlar nuestra respuesta. No estaba en mis manos evitar lo que sucedió, pero sí la manera de responder: ayudando a quienes más lo necesitaban.

Al pasar el tiempo vi cómo cambiaba la actitud de quienes me rodeaban. Muchos de los que conocí en persona estaban más heridos emocional que físicamente. Tenía amigos que me decían que sus padres discutían porque sentían demasiada presión. La tasa de suicidios en Puerto Rico aumentó significativamente después del huracán María. Muchos de mis amigos no querían lidiar con lo que estaba sucediendo. Pasaban el tiempo haciendo fogatas en la playa o quedándose en casa jugando videojuegos o viendo televisión. No los culpo; nunca habían pasado por algo así en sus vidas. Pero yo sencillamente no podía ignorar el sufrimiento que abundaba en Puerto Rico. Tenía el privilegio y la suerte de contar con un techo sobre mi cabeza y con una familia que me acompañaba, y sentí que era mi responsabilidad tratar de aliviar el sufrimiento de otros.

Estoy orgulloso de la ayuda que he brindado a mi comunidad. Llegué a tres mil quinientas familias en diecisiete pueblos. Mis interacciones con las personas ampliaron mi perspectiva y me dieron un sentido de propósito. Aprendí que es muy importante ser compasivo y defender a quienes te rodean, incluso en los momentos más oscuros.

Es más, ¡recaudé casi $175,000! Nunca había hecho ningún tipo de campaña para recaudar fondos, con excepción de una venta de pasteles en la escuela primaria. No estaba en la universidad ni era un estudiante de finanzas, solo era un chico normal de noveno grado con la pasión y el interés de mejorar las circunstancias de aquellos que me rodeaban. Después de esta experiencia, creo firmemente que si alguien se propone hacer algo, será posible. La edad es solo un número, no un límite para el éxito. Si yo pude influir positivamente en las vidas de miles de personas, cualquier otro individuo puede hacerlo también. No dejes que nadie te diga que no puedes hacer algo hasta que lo intentes. No dejes que nadie apague tu luz.

Para la discusión

¿Cuán fuerte fue el huracán María?

María fue el huracán más fuerte que pasó por Puerto Rico en más de ochenta años. Fluctuó entre las categorías 4 y 5. Una tormenta de categoría 4 tiene vientos sostenidos de entre 130 y 156 millas por hora. Las tormentas de categoría 5 tienen vientos de 157 millas por hora o más. Cuando el huracán María tocó tierra era una tormenta de categoría 4, pues la velocidad sostenida del viento era de 155 millas por hora. El huracán María también causó lluvias muy fuertes. Cayeron más de veinte pulgadas de lluvia sobre Puerto Rico, provocando peligrosas inundaciones.

¿Cuánto daño causó el huracán María?

El daño fue catastrófico y tuvo un impacto negativo en el sistema de energía eléctrica, el alojamiento, la atención hospitalaria, el suministro de alimentos, entre otros. El apagón que afectó a toda la isla fue uno de los peores y de más duración en la historia de Estados Unidos. La tormenta destruyó tantas residencias que 1.1 millones de hogares solicitaron ayuda por desastre. Lamentablemente, un estudio de la Universidad George Washington estima que 2,975 personas perdieron la vida a causa del huracán.

El huracán María también provocó destrucción en otros lugares, como las Islas Vírgenes de Estados Unidos y Dominica.

¿Cómo los esfuerzos de Salvador para ayudar a Puerto Rico afectaron su vida?

Salvador vio el poder de la colaboración y la empatía a través de las donaciones recibidas y de las innumerables personas que lo ayudaron durante todo el proceso, lo cual lo empoderó y lo conmovió.

Durante cada distribución, recordó la importancia de la compasión y de defender a los demás, incluso en los momentos más oscuros. Mientras Salvador iba de puerta en puerta, la alegría y los buenos deseos de la gente despertaron en él un sentido de propósito sin igual.

Su experiencia renovó su confianza como persona joven con grandes ideas, así como su convicción de que la bondad y el positivismo son fuerzas indomables para crear un cambio.

¿Qué está haciendo Salvador ahora?

Salvador continúa su labor como activista humanitario fomentando la resiliencia climática en comunidades afectadas por desastres naturales. Después del huracán Dorian en 2019, lanzó una campaña Luz y Esperanza en las Bahamas. Tras los terremotos de enero de 2020, lanzó otras misiones en Puerto Rico. También reactivó su iniciativa de Luz y Esperanza después del paso del huracán Fiona en septiembre de 2022, a casi cinco años del huracán María.

Además de abogar por la sostenibilidad y la resiliencia climática, Salvador trabaja para promover el empoderamiento de los jóvenes, asegurándose de que sean escuchados y los tomen en cuenta en las actividades en las que participan. Actualmente es estudiante de la Universidad Yale, en New Haven, Connecticut.

Involúcrate

1. Háblalo.

Habla con tus maestros y con los directivos de tu escuela, y anímalos a incluir el tema del cambio climático y su impacto en el programa educativo oficial de tu escuela.

2. Lee, aprende y exprésate.

Únete a un grupo de estudiantes o crea uno que ayude a concientizar sobre el cambio climático y abogue por establecer prácticas sostenibles dentro de tu comunidad. Además de obtener más información sobre el cambio climático en libros y artículos de noticias, puedes convocar a tus amigos para que trabajen contigo.

3. Ofrécete como voluntario.

Explora tu comunidad e identifica los grupos que están teniendo un efecto positivo. Hay grupos dedicados a la conservación, el reciclaje, u otras causas medioambientales que necesitan ayuda para cumplir sus objetivos de proteger la comunidad y el planeta. Para ser voluntario en algunos lugares necesitarás ir acompañado de alguno de tus padres o de un hermano mayor.

Cronología

2017

2 de septiembre: Salvador cumple quince años.

6 de septiembre: El huracán Irma, de categoría 5, azota a Puerto Rico y provoca apagones, grandes inundaciones y daños estructurales.

16 de septiembre: El Servicio Meteorológico Nacional (NWS) anuncia el inminente impacto de la tormenta tropical María.

17 de septiembre: NWS declara que la tormenta tropical María se ha convertido en huracán.

19 de septiembre: NWS predice que el huracán María será de categoría 5. En ese momento, sesenta mil personas aún están sin luz debido al paso del huracán Irma.

Salvador y su familia se preparan para el huracán María.

20 de septiembre: María toca tierra como un huracán de categoría 4, causando gran destrucción y un apagón general en la isla. El huracán daña las torres de comunicaciones; se caen los servicios de internet y de telefonía celular y fija.

Salvador y su familia se refugian en el gimnasio de su edificio.

21 de septiembre: El presidente Trump declara estado de emergencia para Puerto Rico, lo que permite la asistencia federal. NWS advierte sobre inundaciones catastróficas.

23 de septiembre: Salvador decide tomar acción y ayudar a Puerto Rico.

24 de septiembre: El día de su lanzamiento, la campaña de recaudación de fondos de Salvador recibe $14,000.

28 de septiembre: Más de diez mil contenedores de suministros de emergencia permanecen varados en un puerto de San Juan debido a daños en las carreteras, y a escasez de conductores y de diésel.

30 de septiembre: La recaudación de fondos de Salvador recibe cobertura por parte de *Teen Vogue* y CNN.

Octubre: Salvador realiza su primera orden de lámparas.

1 de octubre: En Las Vegas ocurre la masacre más grande en la historia de Estados Unidos.

3 de octubre: Casi dos semanas después del huracán, el presidente Trump visita Puerto Rico.

3 de diciembre: Salvador y su equipo de voluntarios se dirigen a Loíza y completan la primera de muchas distribuciones.

29 de diciembre: Cien días después del huracán María, más de un millón de personas continúan sin servicio eléctrico y cientos carecen de agua potable y vivienda permanente. Las personas que viven en áreas remotas no pueden recibir atención médica porque las carreteras aún están bloqueadas.

2018

Enero: Salvador recibe lavadoras manuales y su recaudación de fondos alcanza su meta de $100,000.

14 de agosto: Casi un año después del paso del huracán María, las autoridades declaran que finalmente se ha restablecido la energía en la isla.

Agradecimientos del autor

Si quieres cambiar el mundo, necesitas personas maravillosas que te acompañen en el viaje. Tuve la bendición de haber encontrado personas así. No me es posible nombrar aquí a cada una de las personas que me han apoyado en los últimos años, pero he intentado honrar a aquellos que han tenido un impacto más significativo en mí.

Estoy extremadamente agradecido con mis editores Dave Eggers, Zainab Nasrati, Zoë Ruiz y Amanda Uhle por su trabajo incansable para garantizar que lo que estás leyendo ahora tenga una calidad óptima. Dave y Amanda, estaré eternamente agradecido de que el destino haya unido nuestros caminos por primera vez en 2018 en el primer Congreso Internacional de Voces Juveniles en San Francisco.

Le debo muchísimo a Neha Misra, mi luz guía. Neha, sin tu presencia, tu tiempo y tu apoyo, Luz y Esperanza para Puerto Rico no hubiera podido despegar. Te agradezco todos los correos electrónicos, las llamadas telefónicas, y las sabias palabras que compartiste conmigo para que no me diera por vencido. Tu pasión por el servicio y la transformación social no ha dejado de inspirarme desde entonces.

No sería la misma persona que soy hoy sin mis padres, Marta Michelle y Salvador, y mi padrastro Ricardo. Ustedes me han inspirado, motivado y alentado de todas las maneras posibles, y les estaré eternamente agradecido por todo lo que han hecho para apoyarme. Gracias por enseñarme a ser humilde, alegre y compasivo.

Siempre apreciaré a Jean Tirri, mi hada madrina, que ha hecho todo por mí. Desde prestarnos un almacén donde guardar todas las lámparas y las lavadoras hasta enviarme paquetes de merienda a la escuela, Jean siempre me ha respaldado y espero poder seguir la cadena en el futuro.

Me siento agradecido por mi mentor, Donald Slater, cuya inquebrantable sabiduría y guía me sirvieron de apoyo durante los tres años que estuve en un internado en Massachusetts. Estoy seguro de que su luz seguirá iluminándome en el camino. Dr. Slater, gracias por mantener siempre sus puertas abiertas para mí, propiciando nuestras fascinantes conversaciones y brindándome una perspectiva más amplia de la vida y de nuestro mundo. Sepa que seguiré "chocando los cinco" con sus hijas a medida que crezcan, y que siempre estaré ahí para ellas como usted lo ha estado para mí.

Extiendo mi agradecimiento especial a mis queridos amigos Alfredo y María Elisa, quienes participaron en casi todas las distribuciones. Incluso si teníamos una fiesta la noche anterior, se despertaban bien temprano al día siguiente y se presentaban en las distribuciones listos para trabajar.

Quiero también agradecerles a todos mis amigos de Andover, a los que aprecio profundamente. Estoy agradecido por todas nuestras caminatas a Holt Hill, nuestros recorridos nocturnos por el pueblo, nuestras vacaciones y nuestros juegos de Spikeball. Gracias por ser siempre solidarios, honestos y estar dispuestos a tener las conversaciones más profundas, las que valen.

Me gustaría también reconocer a mi agente Catherine Cuello, quien primero trajo mi historia al mundo. Desde el primer día tuvo fe en mi misión y puso su nombre en juego para asegurarse de que mi voz fuera escuchada.

Le estoy agradecido a todos los líderes comunitarios por dedicar su tiempo y esfuerzo para hacer posibles las distribuciones, y por recibir mi iniciativa con los brazos abiertos. En medio de todos los desafíos que enfrentaban, estuvieron dispuestos a apoyar a su comunidad. Gracias por compartir el viaje conmigo, casa por casa, milla tras milla. Un reconocimiento especial para Lubriel Vega de Morovis y William Santana de Dorado por acercarse a mí y maximizar el alcance de este esfuerzo.

Quiero expresar mi gratitud a las casi mil

trescientas personas y empresas que generosamente financiaron Luz y Esperanza para Puerto Rico. Su apoyo fue fundamental para garantizar que nuestros esfuerzos tuvieran éxito y una mayor trascendencia.

Finalmente, todos los que sientan que debían ser incluidos en esta página, háganme pasar un mal rato. Les prometo que cuando salga el próximo libro no olvidaré mencionarlos.

Agradecimientos de los editores

Los editores quieren agradecerle al Proyecto de Editores Jóvenes (Young Editors Project), el cual conecta a jóvenes lectores con manuscritos en progreso. El programa brinda grandes oportunidades para que los jóvenes puedan formar parte del proceso de publicación, y ofrece a los autores y a las editoriales diferentes perspectivas sobre su trabajo. Extendemos nuestro agradecimiento a Kitania Folk; Anika Hussain; Aminata de Nueva York; Ilaria de Trieste, Italia; Julia, Charley y Noah de Darien, Connecticut; Ty de Varsovia, Polonia; Henry de Elsah, Illinois; y de Albuquerque, Nuevo México a Gabriella,

Damacio, Rex, Jude, Johnny, Levi, Anna, Jonah, Charlie, Jackson, Bruno, Hunter S., James, Will, Mariella, Max, Munya, Mariana, Joshua, Dylan, Katie, Hunter M., Matrim, Emma, Amadeus, Xavier, Leo, Elliott, Madeline, Sasha, Malia, Luke, Juliet, Evan, Clinton, Isla, Nicholas, Sebastian, Nora, John Paul, Leila, Alexander, Jocelyn y Karah.

www.youngeditorsproject.org

Sobre I, Witness

I, Witness es una serie de libros de no ficción que comparte historias relevantes de jóvenes que han enfrentado y superado extraordinarios retos contemporáneos. No hay mejor manera para que los jóvenes lectores aprendan sobre los asuntos más vitales de nuestro mundo que a través de los ojos de otros jóvenes que los han vivido.

Los ingresos de esta serie de libros apoyan el trabajo de la Alianza Internacional de Centros de Escritura para Jóvenes (International Alliance of Youth Writing Centers) y sus más de sesenta organizaciones miembros. Estos centros de escritura sin fines de lucro se unen bajo la idea común de que los jóvenes necesitan espacios donde puedan escribir, ser escuchados, y donde sus voces se celebren y se amplifiquen.

www.youthwriting.org